CHEMIN DE FER DE L'OUEST.

5599 ORDONNANCE

Du 15 Novembre 1846,

PORTANT

RÈGLEMENT D'ADMINISTRATION PUBLIQUE

SUR

LA POLICE, L'USAGE ET L'EXPLOITATION

DES CHEMINS DE FER.

CHEMIN DE FER DE L'OUEST.

ORDONNANCE

Du 15 Novembre 1846,

PORTANT

RÈGLEMENT D'ADMINISTRATION PUBLIQUE

SUR

LA POLICE, L'USAGE ET L'EXPLOITATION

DES CHEMINS DE FER.

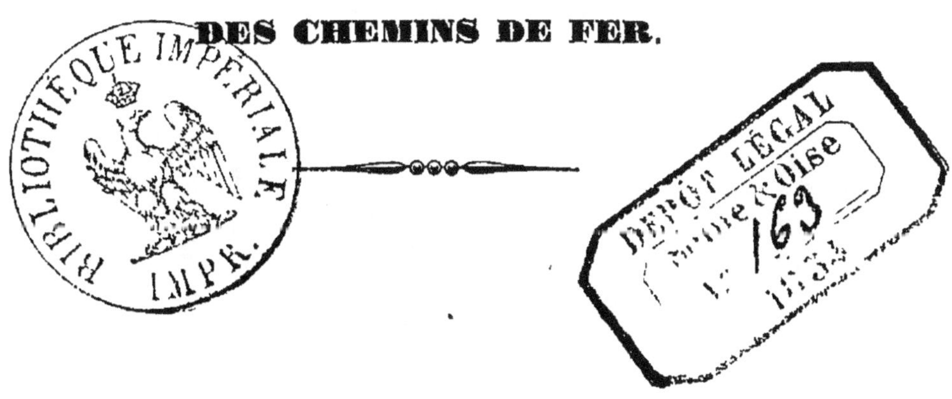

CHEMIN DE FER DE L'OUEST.

ORDRE DE SERVICE

Relatif au Règlement d'Administration publique.

Art. Ier. Il sera remis, à chacun des employés du service actif, un extrait ou exemplaire imprimé du règlement d'administration publique du 15 novembre 1846.

Art. 2. Tout employé auquel un extrait ou exemplaire de ce règlement sera remis, devra en accuser réception sur une feuille d'émargement.

Art. 3. Tout employé auquel il aura été remis des extraits ou exemplaires du règlement d'administration publique, devra en rester porteur pendant toute la durée du service actif.

Chaque employé sera tenu de faire remplacer son exemplaire par un nouvel exemplaire, dans le cas où celui qui lui aura été confié, viendrait à être usé ou perdu.

Art. 4. Chaque employé doit lire et se faire expliquer les articles du règlement qui le concernent, et ne sera pas admis à prétexter d'ignorance, lorsqu'il en aura reçu un exemplaire.

L'Ingénieur en Chef Directeur,

Alph BAUDE.

ORDONNANCE

Du 15 Novembre 1846

CONTENANT

Règlement d'Administration publique

SUR

LA POLICE, L'USAGE ET L'EXPLOITATION

DES CHEMINS DE FER.

———

LOUIS-PHILIPPE, Roi des Français,

A tous présents et à venir, salut :

Sur le rapport de notre ministre secrétaire d'État au département des travaux publics ;

Vu l'art. 9 de la loi du 11 juin 1842, relative à l'établissement de grandes lignes de Chemins de fer ;

Vu la loi du 15 juillet 1845 sur la police des Chemins de fer ;

Notre Conseil-d'État entendu,

Nous avons ordonné et ordonnons ce qui suit :

TITRE PREMIER.

Des stations et de la voie des Chemins de fer.

SECTION PREMIÈRE.

Des stations.

ARTICLE PREMIER.

L'entrée, le stationnement et la circulation des voitures publiques ou particulières, destinées soit au transport des personnes, soit au transport des marchandises, dans les cours dépendant des stations des Chemins de fer, seront réglés par des arrêtés du préfet du département. Ces arrêtés ne seront exécutoires qu'en vertu de l'approbation du ministre des travaux publics.

SECTION SECONDE.

De la voie.

Art. 2.

Le Chemin de fer et les ouvrages qui en dépendent seront constamment entretenus en bon état.

La Compagnie devra faire connaître au ministre des travaux publics les mesures qu'elle aura prises pour cet entretien.

Dans le cas où ces mesures seraient insuffisantes, le ministre des travaux publics, après avoir entendu la Compagnie, prescrira celles qu'il jugera nécessaires.

Art. 3.

Il sera placé, partout où besoin sera, des gardiens, en nombre suffisant, pour assurer la surveillance et la manœuvre des aiguilles des croisements et changements de voie; en cas d'insuffisance, le nombre de ces gardiens sera fixé par le ministre des travaux publics, la Compagnie entendue.

Art. 4.

Partout où un chemin de fer est traversé à niveau, soit par

une route à voitures, soit par un chemin destiné au passage des piétons, il sera établi des barrières.

Le mode, la garde et les conditions de service des barrières seront réglés par le ministre des travaux publics, sur la proposition de la Compagnie.

ART. 5.

Si l'établissement de contre-rails est jugé nécessaire dans l'intérêt de la sûreté publique, la Compagnie sera tenue d'en placer sur les points qui seront désignés par le ministre des travaux publics.

ART. 6.

Aussitôt après le coucher du soleil, et jusqu'après le passage du dernier train, les stations et leurs abords devront être éclairés.

Il en sera de même des passages à niveau pour lesquels l'administration jugera cette mesure nécessaire.

TITRE II.

Du matériel employé à l'exploitation.

ART. 7.

Les machines locomotives ne pourront être mises en service qu'en vertu de l'autorisation de l'administration, et après avoir été soumises à toutes les épreuves prescrites par les règlements en vigueur.

Lorsque, par suite de détérioration ou pour toute autre cause, l'interdiction d'une machine aura été prononcée, cette machine ne pourra être remise en service qu'en vertu d'une nouvelle autorisation.

ART. 8.

Les essieux des locomotives, des tenders et des voitures de toute espèce, entrant dans la composition des convois de voya - geurs, ou dans celle des trains mixtes de voyageurs et de mar- chandises allant à grande vitesse, devront être en fer martelé de premier choix.

ART. 9.

Il sera tenu des états de service pour toutes les locomo- tives. Ces états seront inscrits sur des registres qui devront être constamment à jour, et indiquer, à l'article de chaque machine, la date de sa mise en service, le travail qu'elle a accompli, les réparations ou modifications qu'elle a reçues, et le renouvellement de ses diverses pièces.

Il sera tenu, en outre, pour les essieux de locomotives, tenders et voitures de toute espèce, des registres spéciaux sur lesquels, à côté du numéro d'ordre de chaque essieu, seront inscrits sa provenance, la date de sa mise en service, l'épreuve qu'il peut avoir subie, son travail, ses accidents et ses réparations ; à cet effet, le numéro d'ordre sera poinçonné sur chaque essieu.

Les registres mentionnés aux deux paragraphes ci-dessus seront représentés, à toute réquisition, aux ingénieurs et agents chargés de la surveillance du matériel et de l'exploitation.

Art. 10.

Il est interdit de placer dans un convoi, comprenant des voitures de voyageurs, aucune locomotive, tender ou autres voitures d'une nature quelconque, montées sur des roues en fonte.

Toutefois, le ministre des travaux publics pourra, par exception, autoriser l'emploi des roues en fonte, cerclées en fer, dans les trains mixtes de voyageurs et de marchandises, et marchant à la vitesse d'au plus 25 kilomètres à l'heure.

Art. 11.

Les locomotives devront être pourvues d'appareils ayant pour objet d'arrêter les fragments de coke tombant de la grille, et d'empêcher la sortie des flammèches par la cheminée.

Art. 12.

Les voitures destinées au transport des voyageurs seront d'une construction solide ; elles devront être commodes, et pourvues de ce qui est nécessaire à la sûreté des voyageurs.

Les dimensions de la place affectée à chaque voyageur devront être d'au moins 45 centimètres en largeur, 65 centimètres en profondeur et 1 mètre 45 centimètres en hauteur ; cette disposition sera appliquée aux Chemins de fer existants, dans un délai qui sera fixé, pour chaque chemin, par le ministre des travaux publics.

Art. 13.

Aucune voiture pour les voyageurs ne sera mise en service sans une autorisation du préfet, donnée sur le rapport d'une commission constatant que la voiture satisfait aux conditions de l'article précédent.

L'autorisation de mise en service n'aura d'effet qu'après que l'estampille prescrite pour les voitures publiques par l'art. 117 de la loi du 25 mars 1817 aura été délivrée par le directeur des contributions indirectes.

Art. 14.

Toute voiture de voyageurs portera dans l'intérieur l'indication apparente du nombre des places.

Art. 15.

Les locomotives, tenders et voitures de toute espèce, devront porter : 1° le nom ou les initiales du nom du Chemin de fer auquel ils appartiennent ; 2° un numéro d'ordre. Les voitures de voyageurs porteront, en outre, l'estampille délivrée par l'administration des contributions indirectes. Ces diverses indications seront placées d'une manière apparente sur la caisse ou sur les côtés des châssis.

Art. 16.

Les machines locomotives, tenders et voitures de toute espèce, et tout le matériel d'exploitation, seront constamment maintenus dans un bon état d'entretien.

La Compagnie devra faire connaître au ministre des travaux publics les mesures adoptées par elle à cet égard, et, en cas d'insuffisance, le ministre, après avoir entendu les observations de la Compagnie, prescrira les dispositions qu'il jugera nécessaires à la sûreté de la circulation.

TITRE III.

De la composition des convois.

Art. 19.

Tout convoi ordinaire de voyageurs devra contenir, en

nombre suffisant, des voitures de chaque classe, à moins d'une autorisation spéciale du ministre des travaux publics.

ART. 18.

Chaque train de voyageurs devra être accompagné :

1° D'un mécanicien et d'un chauffeur par machine : le chauffeur devra être capable d'arrêter la machine en cas de besoin ;

2° Du nombre de conducteurs gardes-freins qui sera déterminé pour chaque chemin, suivant les pentes et suivant le nombre de voitures, par le ministre des travaux publics, sur la proposition de la Compagnie.

Sur la dernière voiture de chaque convoi, ou sur une des voitures placés à l'arrière, il y aura toujours un frein et un conducteur chargé de le manœuvrer.

Lorsqu'il y aura plusieurs conducteurs dans un convoi, l'un d'entre eux devra toujours avoir autorité sur les autres.

Un train de voyageurs ne pourra se composer de plus de vingt-quatre voitures à quatre roues. S'il entre des voitures à six roues dans la composition du convoi, le maximum du nombre de voitures sera déterminé par le ministre.

Les dispositions des paragraphes précédents sont applicables aux trains mixtes de voyageurs et de marchandises marchant à la vitesse des voyageurs.

Quant aux convois de marchandises qui transportent en

même temps des voyageurs et des marchandises, et qui ne marchent pas à la vitesse ordinaire des voyageurs, les mesures spéciales et les conditions de sûreté auxquelles ils devront être assujettis, seront déterminées par le ministre, sur la proposition de la Compagnie.

Art. 19.

Les locomotives devront être en tête des trains.

Il ne pourra être dérogé à cette disposition que pour les manœuvres à exécuter dans le voisinage des stations ou pour le cas de secours. Dans ces cas spéciaux, la vitesse ne devra pas dépasser 25 kilomètres par heure.

Art. 20.

Les convois de voyageurs ne devront être remorqués que par une seule locomotive, sauf les cas où l'emploi d'une machine de renfort deviendrait nécessaire, soit pour la montée d'une rampe de forte inclinaison, soit par suite d'une affluence extraordinaire de voyageurs, de l'état de l'atmosphère, d'un accident ou d'un retard exigeant l'emploi de secours, ou de tout autre cas analogue ou spécial, préalablement déterminé par le ministre des travaux publics.

Il est, dans tous les cas, interdit d'atteler simultanément plus de deux locomotives à un convoi de voyageurs.

La machine placée en tête devra régler la marche du train.

Il devra toujours y avoir en tête de chaque train, entre le tender et la première voiture de voyageurs, autant de voitures ne portant pas de voyageurs qu'il y aura de locomotives attelées.

Dans tous les cas où il sera attelé plus d'une locomotive à un train, mention en sera faite sur un registre à ce destiné, avec indication du motif de la mesure, de la station où elle aura été jugée nécessaire, et de l'heure à laquelle le train aura quitté cette station.

Ce registre sera représenté à toute réquisition, aux fonctionnaires et agents de l'administration publique chargés de la surveillance de l'exploitation.

Art. 21.

Il est défendu d'admettre, dans les convois qui portent des voyageurs, aucune matière pouvant donner lieu, soit à des explosions, soit à des incendies.

Art. 22.

Les voitures entrant dans la composition des trains des voyageurs seront liées entre elles par des moyens d'attache tels, que les tampons à ressort de ces voitures soient toujours en contact.

Les voitures des entrepreneurs de messageries ne pourront être admises dans la composition des trains, qu'avec l'autorisation du ministre des travaux publics, et moyennant les conditions indiquées dans l'acte d'autorisation.

Art. 23.

Les conducteurs gardes-freins seront mis en communication avec le mécanicien pour donner, en cas d'accident, le signal d'alarme, par tel moyen qui sera autorisé par le ministre des travaux publics, sur la proposition de la Compagnie.

Art. 24.

Les trains devront être éclairés extérieurement pendant la nuit. En cas d'insuffisance du système d'éclairage, le ministre des travaux publics prescrira, la Compagnie entendue, les dispositions qu'il jugera nécessaires.

Les voitures fermées, destinées aux voyageurs, devront être éclairées intérieurement pendant la nuit et au passage des souterrains qui seront désignés par le ministre.

TITRE IV.

Du départ, de la circulation et de l'arrivée des convois.

Art. 25.

Pour chaque Chemin de fer, le ministre des travaux publics déterminera, sur la proposition de la Compagnie, le sens du mouvement des trains et des machines isolées sur chaque voie, quand il y a plusieurs voies, et le point de croisement quand il n'y en a qu'une.

Il ne pourra être dérogé, sous aucun prétexte, aux dispositions qui auront été prescrites par le ministre, si ce n'est dans le cas où la voie serait interceptée, et dans ce cas, le changement devra être fait avec les précautions indiquées en l'art. 34 ci-après.

Art. 26.

Avant le départ du train, le mécanicien s'assurera si toutes les parties de la locomotive et du tender sont en bon état, si le frein de ce tender fonctionne convenablement.

La même vérification sera faite par les conducteurs gardes-freins, en ce qui concerne les voitures et les freins de ces voitures.

Le signal du départ ne sera donné que lorsque les portières seront fermées.

Le train ne devra être mis en marche qu'après le signal du départ.

Art. 27.

Aucun convoi ne pourra partir d'une station avant l'heure déterminée par le règlement de service.

Aucun convoi ne pourra également partir d'une station avant qu'il se soit écoulé, depuis le départ ou le passage du convoi précédent, le laps de temps qui aura été fixé par le ministre des travaux publics, sur la proposition de la Compagnie.

Des signaux seront placés à l'entrée de la station pour indiquer aux mécaniciens des trains qui pourraient survenir, si le délai déterminé en vertu du paragraphe précédent est écoulé.

Dans l'intervalle des stations, des signaux seront établis, afin de donner le même avertissement au mécanicien sur les points où il ne peut pas voir devant lui à une distance suffisante. Dès que l'avertissement lui sera donné, le mécanicien devra ralentir la marche du train. En cas d'insuffisance des signaux établis par la Compagnie, le ministre prescrira, la Compagnie entendue, l'établissement de ceux qu'il jugera nécessaires.

Art. 28.

Sauf le cas de force majeure ou de réparation de la voie,

les trains ne pourront s'arrêter qu'aux gares ou lieux de stationnement autorisés pour le service des voyageurs ou des marchandises.

Les locomotives ou les voitures ne pourront stationner sur les voies du chemin de fer affectées à la circulation des trains.

Art. 29.

Le ministre des travaux publics déterminera, sur la proposition de la Compagnie, les mesures spéciales de précaution relatives à la circulation des trains sur les plans inclinés et dans les souterrains à une ou à deux voies, à raison de leur longueur et de leur tracé.

Il déterminera également, sur la proposition de la Compagnie, la vitesse maximum que les trains de voyageurs pourront prendre sur les diverses parties de chaque ligne, et la durée du trajet.

Art. 30.

Le ministre des travaux publics prescrira, sur la proposition de la Compagnie, les mesures spéciales de précaution à prendre pour l'expédition et la marche des convois extraordinaires.

Dès que l'expédition d'un convoi extraordinaire aura été décidée, déclaration devra en être faite immédiatement au commissaire spécial de police, avec indication du motif de l'expédition du convoi et de l'heure du départ.

Art. 31.

Il sera placé le long du chemin, pendant le jour et pendant la nuit, soit pour l'entretien, soit pour la surveillance de la voie, des agents en nombre assez grand pour assurer la libre circulation des trains et la transmission des signaux; en cas d'insuffisance, le ministre des travaux publics en réglera le nombre, la Compagnie entendue.

Ces agents seront pourvus de signaux de jour et de nuit, à l'aide desquels ils annonceront si la voie est libre et en bon état, si le mécanicien doit ralentir sa marche ou s'il doit arrêter immédiatement le train.

Ils devront, en outre, signaler de proche en proche l'arrivée des convois.

Art. 32.

Dans le cas où, soit un train, soit une machine isolée, s'arrêterait sur la voie pour cause d'accident, le signal d'arrêt indiqué en l'article précédent, devra être fait à cinq cents mètres au moins à l'arrière.

Les conducteurs principaux des convois et les mécaniciens conducteurs des machines isolées devront être munis d'un signal d'arrêt.

Art. 33.

Lorsque des ateliers de réparation seront établis sur une voie, des signaux devront indiquer si l'état de la voie ne permet pas le passage des trains, ou s'il suffit de ralentir la marche de la machine.

Art. 34.

Lorsque, par suite d'un accident, de réparation, ou de toute autre cause, la circulation devra s'effectuer momentanément sur une voie, il devra être placé un garde auprès des aiguilles de chaque changement de voie.

Les gardes ne laisseront les trains s'engager dans la voie unique réservée à la circulation, qu'après s'être assurés qu'ils ne seront pas rencontrés par un train venant dans un sens opposé.

Il sera donné connaissance au commissaire spécial de police du signal ou de l'ordre de service, adopté pour assurer la cirlation sur la voie unique.

Art. 35.

La Compagnie sera tenue de faire connaître au ministre des travaux publics le système de signaux qu'elle a adopté ou qu'elle se propose d'adopter pour les cas prévus par le présent titre. Le ministre prescrira les modifications qu'il jugera nécessaires.

Art. 36.

Le mécanicien devra porter constamment son attention sur l'état de la voie, arrêter ou ralentir la marche en cas d'obstacles, suivant les circonstances, et se conformer aux signaux qui lui seront transmis ; il surveillera toutes les parties de la machine, la tension de la vapeur et le niveau d'eau de la chaudière. Il veillera à ce que rien n'embarrasse la manœuvre du frein du tender.

Art. 37.

A cinq cents mètres au moins avant d'arriver au point où une ligne d'embranchement vient croiser la ligne principale, le mécanicien devra modérer la vitesse, de telle manière que le train puisse être complètement arrêté avant d'atteindre ce croisement, si les circonstances l'exigent.

Au point d'embranchement ci-dessus désigné, des signaux devront indiquer le sens dans lequel les aiguilles sont placées.

A l'approche des stations d'arrivée, le mécanicien devra faire les dispositions convenables pour que la vitesse acquise du train soit complètement amortie avant le point où les voyageurs doivent descendre, et de telle sorte qu'il soit nécessaire de remettre la machine en action pour atteindre ce point.

Art. 38.

A l'approche des stations, des passages à niveau, des courbes, des tranchées et des souterrains, le mécanicien devra faire jouer le sifflet à vapeur pour avertir de l'approche du train.

Il se servira également du sifflet comme moyen d'avertissement, toutes les fois que la voie ne lui paraîtra pas complètement libre.

Art. 39.

Aucune personne, autre que le mécanicien et le chauffeur, ne pourra monter sur la locomotive ou sur le tender, à moins d'une permission spéciale et écrite du directeur de l'exploitation du Chemin de fer.

Sont exceptés de cette interdiction, les ingénieurs des ponts-et-chaussées, les ingénieurs des mines chargés de la surveillance, et les commissaires spéciaux de police. Toutefois, ces derniers devront remettre au chef de la station ou au conducteur principal du convoi une réquisition écrite et motivée.

Art. 40.

Des machines, dites de secours ou de réserve, devront être

entretenues constamment en feu et prêtes à partir sur les points de chaque ligne qui seront désignés par le ministre des travaux publics, sur la proposition de la Compagnie.

Les règles relatives au service de ces machines seront également déterminées par le ministre, sur la proposition de la Compagnie.

Art. 41.

Il y aura constamment, aux lieux de dépôt des machines, un wagon chargé de tous les agrès et outils nécessaires en cas d'accident.

Chaque train devra d'ailleurs être muni des outils les plus indispensables.

Art. 42.

Aux stations qui seront désignées par le ministre des travaux publics, il sera tenu des registres sur lesquels on mentionnera les retards excédant dix minutes pour les parcours dont la longueur est inférieure à 50 kilomètres, et quinze minutes pour les parcours de 50 kilomètres et au-delà. Ces registres indiqueront la nature et la composition des trains, le nom des locomotives qui les ont remorqués, les heures de départ et d'arrivée, la cause et la durée du retard.

Ces registres seront représentés à toute réquisition, aux ingénieurs, fonctionnaires et agents de l'administration publique chargés de la surveillance du matériel et de l'exploitation.

Art. 43.

Des affiches placées dans les stations feront connaître au public les heures de départ des convois ordinaires de toute sorte, les stations qu'ils doivent desservir, les heures auxquelles ils doivent arriver à chacune des stations et en partir.

Quinze jours au moins avant d'être mis à exécution, ces ordres de service seront communiqués en même temps aux commissaires royaux, au préfet du département et au ministre des travaux publics, qui pourra prescrire les modifications nécessaires pour la sûreté de la circulation ou pour les besoins du public.

TITRE V.

De la Perception des Taxes et des Frais accessoires.

Art. 44.

Aucune taxe, de quelque nature qu'elle soit, ne pourra être perçue par la Compagnie qu'en vertu d'une homologation du ministre des travaux publics.

Les taxes perçues actuellement sur les chemins dont les

concessions sont antérieures à 1835, et qui ne sont pas encore régularisées, devront l'être avant le 1er avril 1847.

ART. 45.

Pour l'exécution du paragraphe 1er de l'article qui précède, la Compagnie devra dresser un tableau des prix qu'elle a l'intention de percevoir, dans la limite du maximum autorisé par le cahier des charges, pour le transport des voyageurs, des bestiaux, marchandises et objets divers, et en transmettre en même temps des expéditons au ministre des travaux publics, aux préfets des départements traversés par le Chemin de fer, et aux commissaires royaux (inspecteurs de l'exploitation commerciale).

ART. 46.

La Compagnie devra en outre, dans le plus court délai et dans les formes énoncées en l'article précédent, soumettre ses propositions au ministre des travaux publics pour les prix de transport non déterminés par le cahier des charges, et à l'égard desquels le ministre est appelé à statuer.

ART. 47.

Quant aux frais accessoires, tels que ceux de chargement, de déchargement et d'entrepôt dans les gares et magasins du

Chemin de fer, et quant à toutes les taxes qui doivent être ré-
glées annuellement, la Compagnie devra en soumettre le règlement à l'approbation du ministre des travaux publics, dans
le dixième mois de chaque année. Jusqu'à décision, les anciens
tarifs continueront à être perçus.

Art. 48.

Les tableaux des taxes et des frais accessoires approuvés seront constamment affichés dans les lieux les plus apparents
des gares et stations des Chemins de fer.

Art. 49.

Lorsque la Compagnie voudra apporter quelques changements aux prix autorisés, elle en donnera avis au ministre
des travaux publics, aux préfets des départements traversés et
aux commissaires royaux (inspecteurs de l'exploitation commerciale).

Le public sera en même temps informé par des affiches des
changements soumis à l'approbation du ministre.

A l'expiration du mois, à partir de la date de l'affiche, les-
dites taxes pourront être perçues, si, dans cet intervalle, le
ministre des travaux publics les a homologuées.

Si des modifications, à quelques-uns des prix affichés, étaient
prescrites par le ministre, les prix modifiés devront être affi-

chés de nouveau et ne pourront être mis en perception qu'un mois après la date de ces affiches.

Art. 50.

La Compagnie sera tenue d'effectuer avec soin, exactitude et célérité, et sans tour de faveur, les transports des marchandises, bestiaux et objets de toute nature qui lui seront confiés.

Au fur et à mesure que des colis, des bestiaux ou des objets quelconques arriveront au Chemin de fer, enregistrement en sera fait immédiatement, avec mention du prix total dû pour le transport. Le transport s'effectuera dans l'ordre des inscriptions, à moins de délais demandés ou consentis par l'expéditeur, et qui seront mentionnés dans l'enregistrement.

Un récépissé devra être délivré à l'expéditeur, s'il le demande, sans préjudice, s'il y a lieu, de la lettre de voiture. Le récépissé énoncera la nature et le poids des colis, le prix total du transport et le délai dans lequel ce transport devra être effectué.

Les registres mentionnés au présent article seront représentés à toute réquisition des fonctionnaires et agents chargés de veiller à l'exécution du présent règlement.

TITRE VI.

De la surveillance de l'exploitation.

Art. 51.

La surveillance de l'exploitation des Chemins de fer s'exercera concurremment :

Par les commissaires royaux (inspecteurs de l'exploitation commerciale).

Par les ingénieurs des ponts-et-chaussées, les ingénieurs des mines, et par les conducteurs, les gardes-mines et autres agents sous leurs ordres ;

Par les commissaires spéciaux de police et les agents sous leurs ordres.

Art. 52.

Les commissaires royaux (inspecteurs de l'exploitation commerciale) seront chargés :

De surveiller le mode d'application des tarifs approuvés et l'exécution des mesures prescrites pour la réception et l'enregistrement des colis, leur transport et leur remise aux destinataires ;

De veiller à l'exécution des mesures approuvées ou prescrites pour que le service des transports ne soit pas interrompu aux points extrêmes de lignes en communication l'une avec l'autre ;

De vérifier les conditions des traités qui seraient passés par les Compagnies avec les entreprises de transport par terre ou par eau, en correspondance avec les Chemins de fer, et de signaler toutes les infractions au principe de l'égalité des taxes ;

De constater le mouvement de la circulation des voyageurs et des marchandises sur les Chemins de fer, les dépenses d'entretien et d'exploitation, et les recettes.

ART. 53.

Pour l'exécution de l'article ci-dessus, les Compagnies seront tenues de représenter à toute réquisition aux commissaires royaux (inspecteurs de l'exploitation commerciale), leurs registres de dépenses et de recettes, et les registres mentionnés à l'art. 50 ci-dessus.

ART. 54.

A l'égard des Chemins de fer pour lesquels les Compagnies auraient obtenu de l'État, soit un prêt avec intérêt privilégié, soit la garantie d'un minimum d'intérêt, ou pour lesquels l'Etat devrait entrer en partrge des produits nets, les commissaires royaux exerceront toutes les autres attributions qui seront déterminées par les règlements spéciaux à intervenir dans chaque cas particulier.

Art. 55.

Les ingénieurs, les conducteurs et autres agents du service des ponts-et-chaussées seront spécialement chargés de surveiller l'état de la voie de fer, des terrassements et des ouvrages d'art et des clôtures.

Art. 56.

Les ingénieurs des mines, les gardes-mines et autres agents du service des mines seront spécialement chargés de surveiller l'état des machines, fixes et locomotives employées à la traction des convois, et, en général, de tout le matériel roulant servant à l'exploitation.

Ils pourront être suppléés par les ingénieurs, conducteurs et autres agents du service des ponts-et-chaussées, et réciproquement.

Art. 57.

Les commissaires spéciaux de police et les agents sous leurs ordres sont chargés particulièrement de surveiller la composition, le départ, l'arrivée, la marche et les stationnements des trains, l'entrée, le stationnement et la circulation des voitures dans les cours et stations, l'admission du public dans les gares et sur les quais des Chemins de fer.

Art. 58.

Les Compagnies sont tenues de fournir des locaux convenables pour les commissaires spéciaux de police et les agents de surveillance.

Art. 59.

Toutes les fois qu'il arrivera un accident sur le Chemin de fer, il en sera fait immédiatément déclaration à l'autorité locale et au commissaire spécial de police, à la diligence du chef du convoi. Le préfet du département, l'ingénieur des ponts-et-chaussées et l'ingénieur des mines chargés de la surveillance et le commissaire royal en seront immédiatement informés par les soins de la Compagnie.

Art. 60.

Les Compagnies devront soumettre à l'approbation du ministre des travaux publics, leurs règlements relatifs au service et à l'exploitation des Chemins de fer.

———

TITRE VII.

Des mesures concernant les voyageurs et les personnes étrangères au service du Chemin de fer.

ART. 61.

Il est défendu à toute personne étrangère au service du Chemin de fer :

1° De s'introduire dans l'enceinte du Chemin de fer, d'y circuler ou stationner ;

2° D'y jeter ou déposer aucuns matériaux 'ni objets quelconques ;

3° D'y introduire des chevaux, bestiaux ou animaux d'aucune espèce ;

4° D'y faire circuler ou stationner aucunes voitures, wagons ou machines étrangères au service.

ART. 62.

Sont exceptés de la défense portée au premier paragraphe de l'article précédent, les maires et adjoints, les commissaires de police, les officiers de gendarmerie, les gendarmes et autres agents de la force publique, les préposés aux douanes, aux contributions indirectes et aux octrois, les gardes-champêtres et forestiers dans l'exercice de leurs fonctions et revêtus de leurs uniformes ou de leurs insignes.

Dans tous les cas, les fonctionnaires et les agents désignés au paragraphe précédent, seront tenus de se conformer aux mesures spéciales de précaution qui auront été déterminées par le ministre, la Compagnie entendue.

Art. 63.

Il est défendu :

1° D'entrer dans les voitures sans avoir pris un billet, et de se placer dans une voiture d'une autre classe que celle qui est indiquée par le billet ;

2° D'entrer dans les voitures ou d'en sortir autrement que par la portière qui fait face au côté extérieur de la ligne du Chemin de fer ;

3° De passer d'une voiture dans une autre, de se pencher au dehors.

Les voyageurs ne doivent sortir des voitures qu'aux stations, et lorsque le train est complètement arrêté.

Il est défendu de fumer dans les voitures ou sur les voitures et dans les gares ; toutefois à la demande de la Compagnie, et moyennant des mesures spéciales de précaution, des dérogations à cette disposition pourront être autorisées.

Les voyageurs sont tenus d'optempérer aux injonctions des agents de la Compagnie pour l'observation des dispositions mentionnées aux paragraphes ci-dessus.

Art. 64.

Il est interdit d'admettre dans les voitures plus de voyageurs que ne le comporte le nombre des places indiqué, conformément à l'art. 14 ci-dessus.

Art. 65.

L'entrée des voitures est interdite :

1° A toute personne en état d'ivresse ;

2° A tous individus porteurs d'armes à feu chargées ou de paquets qui, par leur nature, leur volume ou leur odeur, pourraient gêner ou incommoder les voyageurs.

Tout individu porteur d'une arme à feu devra, avant son admission sur les quais d'embarquement, faire constater que son arme n'est point chargée.

Art. 66.

Les personnes qui voudront expédier des marchandises de la nature de celles qui sont mentionnées à l'art. 21, devront les déclarer au moment où elles les apporteront dans les stations du Chemin de fer.

Des mesures spéciales de précaution seront prescrites, s'il y a lieu, pour le transport desdites marchandises, la Compagnie entendue.

Art. 67.

Aucun chien ne sera admis dans les voitures servant au

transport des voyageurs ; toutefois la Compagnie pourra placer dans des caisses de voitures spéciales, les voyageurs qui ne voudraient pas se séparer de leurs chiens, pourvu que ces animaux soient muselés, en quelle saison que ce soit.

Art. 68.

Les cantonniers, gardes-barrières et autres agents du Chemin de fer, devront faire sortir immédiatement toute personne qui se serait introduite dans l'enceinte du chemin , ou dans quelque portion que ce soit de ses dépendances où elle n'aurait pas le droit d'entrer.

En cas de résistance de la part des contrevenants, tout employé du Chemin de fer pourra requérir l'assistance des agents de l'administration et de la force publique.

Les chevaux ou bestiaux abandonnés, qui seront trouvés dans l'enceinte du Chemin de fer, seront saisis et mis en fourrière.

TITRE VIII.

Dispositions diverses.

Art. 69.

Dans tous les cas où, conformément aux dispositions du présent règlement , le ministre des travaux publics devra statuer sur la proposition d'une Compagnie, la Compagnie sera tenue de lui soumettre cette proposition dans le délai qu'il aura déterminé, faute de quoi le ministre pourra statuer directement.

Si le ministre pense qu'il y a lieu de modifier la proposition de la Compagnie, il devra, sauf le cas d'urgence, entendre la Compagnie avant de prescrire les modifications.

Art. 70.

Aucun crieur, vendeur ou distributeur d'objets quelconques ne pourra être admis par les Compagnies à exercer sa profession dans les cours ou bâtiments des stations et dans les salles d'attente destinées aux voyageurs, qu'en vertu d'une autorisation spéciale du préfet du département.

Art. 71.

Lorsqu'un Chemin ne fer traverse plusieurs départements, les attributions conférées au préfet par le présent règlement, pourront être centralisées en tout ou en partie dans les mains de l'un des préfets des départements traversés.

Art. 72.

Les attributions données aux préfets des départements, par la présente ordonnance seront, conformément à l'arrêté du 3 brumaire an IX, excercées par le préfet de police dans toute l'étendue du département de la Seine et dans les communes de Saint-Cloud, Meudon et Sèvres, département de Seine-et-Oise.

Art. 73.

Tout agent employé sur les Chemins de fer sera revêtu d'un uniforme ou porteur d'un signe distinctif ; les cantonniers, gardes - barrières et surveillants pourront être armés d'un sabre.

Art. 74.

Nul ne pourra être employé en qualité de mécanicien-conducteur de train, s'il ne produit des certificats de capacité délivrés dans les formes qui seront déterminées par le ministre des travaux publics.

Art. 75.

Aux stations désignées par le ministre, les Compagnies entretiendront les médicaments et moyens de secours nécessaires en cas d'accident.

Art. 76.

Il sera tenu dans chaque station un registre coté et paraphé à Paris par le préfet de police, ailleurs par le maire du lieu, lequel sera destiné à recevoir les réclamations des voyageurs qui auraient des plaintes à former, soit contre la Compagnie, soit contre ses agents. Ce registre sera présenté à toute réquisition des voyageurs.

Art. 77.

Les registres mentionnés aux art. 9 , 20 et 42 ci-dessus seront cotés et paraphés par le commissaire de police.

Art. 78.

Des exemplaires du présent règlement seront constamment affichés, à la diligence des Compagnies, aux abords des bureaux des Chemins de fer et dans les salles d'attente.

Le conducteur principal d'un train en marche devra également être muni d'un exemplaire du règlement.

Des extraits devront être délivrés, chacun pour ce qui le concerne, aux mécaniciens, chauffeurs, gardes-freins, cantonniers, gardes-barrières et autres agents employés sur le chemin de fer.

Des extraits, en ce qui concerne les règles à observer par les voyageurs pendant le trajet, devront être placés dans chaque caisse de voiture.

Art. 79.

Seront constatées, poursuivies et réprimées, conformément au titre III de la loi du 15 juillet 1845, sur la police des Chemins de fer, les contraventions au présent règlement, aux décisions rendues par le ministre des travaux publics et aux arrêtés pris sous son approbation par les préfets, pour l'exécution dudit règlement.

Art. 80.

Notre ministre secrétaire d'État des travaux publics est chargé de l'exécution de la présente ordonnance, qui sera insérée au *Bulletin des Lois.*

Fait au palais de Saint-Cloud, le 15 novembre 1846.

LOUIS-PHILIPPE.

Par le Roi :

Le ministre secrétaire d'État des travaux publics,

S. DUMON.

SÈVRES. Imprimerie de M. CERF, Grande-Rue, 144.